BEI GRIN MACHT SICH IHR WISSEN BEZAHLT

- Wir veröffentlichen Ihre Hausarbeit,
  Bachelor- und Masterarbeit

- Ihr eigenes eBook und Buch -
  weltweit in allen wichtigen Shops

- Verdienen Sie an jedem Verkauf

Jetzt bei www.GRIN.com hochladen und kostenlos publizieren

Nadine Merten

Biografische Bezüge zu Goethes Urfaust und Grundzüge von Goethes Weltbild

GRIN Verlag

Bibliografische Information der Deutschen Nationalbibliothek:

Die Deutsche Bibliothek verzeichnet diese Publikation in der Deutschen National-
bibliografie; detaillierte bibliografische Daten sind im Internet über http://dnb.d-
nb.de/ abrufbar.

Impressum:

Copyright © 2003 GRIN Verlag GmbH
Druck und Bindung: Books on Demand GmbH, Norderstedt Germany
ISBN: 978-3-638-92988-2

Dieses Buch bei GRIN:

http://www.grin.com/de/e-book/45131/biografische-bezuege-zu-goethes-urfaust-
und-grundzuege-von-goethes-weltbild

GRIN - Your knowledge has value

Der GRIN Verlag publiziert seit 1998 wissenschaftliche Arbeiten von Studenten, Hochschullehrern und anderen Akademikern als eBook und gedrucktes Buch. Die Verlagswebsite www.grin.com ist die ideale Plattform zur Veröffentlichung von Hausarbeiten, Abschlussarbeiten, wissenschaftlichen Aufsätzen, Dissertationen und Fachbüchern.

Besuchen Sie uns im Internet:

http://www.grin.com/

http://www.facebook.com/grincom

http://www.twitter.com/grin_com

„Das sind die konstituierenden Grundzüge des „Urfaust". Die dahinter stehenden Erlebnisse: Schulwissen in Leipzig und Straßburg; Erkenntnissehnsucht und pansophisch- alchimistische Lektüre in Frankfurt; Versuche in vielen Wissensbereichen, halb wie der Schüler, halb wie Faust; dann Friederike in Sesenheim; und schließlich, nach der Heimkehr, ein Frankfurter Prozeß gegen ein Mädchen, das- vereinsamt, verfemt und ratlos- ihr Kind getötet hatte."[1]

Biografische Bezüge zu Goethes Urfaust und Grundzüge von Goethes Weltbild

Nachfolgend möchte ich nun versuchen, einen kurzen Einblick hinter die „Kulissen" des „Urfaust[2]" zu geben, seine Entstehungsgeschichte zu verdeutlichen. Wodurch wurde Goethe angeregt dieses Werk anzufertigen? Welche Auswirkungen hatten seine damaligen Lebenserfahrungen auf die inhaltliche Gestaltung der einzelnen Szenen? Mit Hilfe der Analyse des Weltbildes des jungen Goethe will ich versuchen auf diese Fragen eine antwort zu finden. Mir ist es nicht möglich, alle die hinter Goethes Weltbild stehenden Theorien näher zu erläutern. Ich gebe jedoch im Anschluss Hinweise zur weiterführenden Literatur. Weiterhin ist noch zu sagen, dass die von mir gegebenen Erläuterungen zu Goethes Leben keinesfalls autobiografisch in den „Urfaust" eingeflossen sind, sie bildeten nur jeweils die Anregung beziehungsweise die Idee zu bestimmten inhaltlichen Aspekten, interessant ist ja auch zu beobachten, dass sich parallel zu Goethes persönlicher Weiterentwicklung auch der „Faust" veränderte.

Frühes naturwissenschaftliches Interesse = Grundsteinlegung

Goethe begegnete dem Faust- Stoff bereits in seiner Kindheit in Frankfurt. Dort wurden Adaptionen des Stoffes in Form des Puppentheaters aufgeführt, und daher natürlich auch meist auf Grusliges und Schauriges reduziert. Trotzdem, oder gerade deshalb, musste das Puppenspiel großen Eindruck auf den kindlichen Goethe hinterlassen haben: „ Die bedeutende Puppenspielfabel […] klang und summte gar vieltönig in mir wieder..."[3] Auch das 1587 erschienene Volksbuch war Goethe bekannt, man kann also folgern, dass er bereits durch die interessierte Kenntnisnahme des Puppenspiels wie auch des Volksbuchs für den Fauststoff sensibilisiert wurde.

---

[1] Trunz, Erich: Faust. Hamburger Ausgabe. München: Beck 1957, Anmerkungen, S. 469.
[2] Schmidt, Erich (Hg.): Goethes Werke. Weimar 1887, Teil 1, Bd. 14.
[3] Hamburger Ausgabe. Werke. In 14 Bänden. Hrsg. v. Erich Trunz. Hamburg 1948- 60, Band 9, S. 413.

Goethe wuchs in einem streng religiösen Elternhaus auf und Kirchgang, sowie die alltägliche Benutzung von Gesangbuch und Bibel, prägten seine Kindheit. Er genoss regelmäßigen Religionsunterricht.

Dieser naive Kinderglaube wurde zum ersten Mal im Jahre 1755 erschüttert, als das Erdbeben von Lissabon[4], welches mehr als 30.000 Opfer nach sich zog, wütete. Noch dazu geschah dieses Erdbeben an Allerheiligen, wo sich fast alle Menschen in den besonders einsturzgefährdeten Kirchen befanden. Die Theodizee des Optimisten Leibniz wurde stark in Frage gestellt, außerdem wurde aus diesem Ereignis für Goethe deutlich, dass die Natur durch den Menschen nicht zu beherrschen war, nein, dass im Gegenteil die Natur den Menschen beherrschen kann, wenn er sich seiner Überlegenheit zu sicher ist und, wie in diesem Fall als Beispiel, keinerlei Vorkehrungen trifft.

Wie oben schon erwähnt, erhält Goethe zwar sprachlichen und geistlichen Unterricht, „ von dem hingegen, was eigentlich äußere Natur heißt", hatte er „ gar keinen Begriff und von ihren so genannten drei Reichen nicht die geringste Kenntnis." Er war nur daran gewöhnt, „ in wohleingerichteten Ziergärten den Flor der Tulpen, Ranunkeln und Nelken bewundert zu sehen."[5]

Goethe konnte seine Wissbegier aber doch stillen, denn immerhin gab es in seinem Elternhaus eine reichbestückte Bibliothek mit über 1600 Büchern. Erste eigene Initiativen unternahm Goethe mit einer kleinen Marmor- und Naturaliensammlung, die ihm der Vater von einer Italienreise mitgebracht hatte. Aus diesen Mineralien baute sich Goethe mit Hilfe eines Notenpultes und Räucherkerzen einen eigenen Altar für seinen „eigentlichen Gott". Die Räucherkerzen wurden durch ein Brennglas von der aufgehenden Sonne entzündet, leider wurde der Altar dann auch durch einen Brand zerstört, „hierüber kam der junge Priester in die äußerste Verlegenheit…".[6]

Studienzeit Leipzig 1765-1768

Während seines Studiums in Leipzig erfolgte für Goethe eine Loslösung von den starren religiösen Vorschriften seiner Eltern. Da er ihrer Kontrolle ja nun nicht mehr unterlag, blieb auch der allsonntagliche Kirchenbesuch aus. Goethe sollte in Leipzig Jura studieren, will aber sofort nach seinem Eintreffen heimlich in einen philologischen Studiengang wechseln.

---

[4] Siehe dazu Gedicht von Voltaire im Anhang. Voltaire behandelt diesen gedanklichen Konflikt in seinem „Candide". Zum Nachlesen: Voltaire: Candide ou l´optimisme. Hrsg. v. Heribert Walter. Berlin: Cornelsen 2001, S. 20-22.
[5] Goethe. Werke. Im Auftrage der Großherzogin Sophie von Sachsen (Weimarer Ausgabe). VI Abteilungen. 133 Bände in 143 Teilen. Weimar 1887-1919, Band 26, S. 34.
[6] ebenda, S. 65.

Auch Goethe war in seinen Leipziger Jahren auf der Suche nach Orientierung und der zu ihm passenden Wissenschaft, eine Sache die sicher in den *Urfaust* eingeflossen ist. Wenn Faustus sich zu Anfang des Stückes in einem Monolog darüber beklagt, er habe sich zwar in nahezu allen Wissenschaften umgetan, jedoch könne er die Befriedigung seines Lebens nicht finden, so können wir feststellen, dass es auch Goethe in Leipzig ähnlich ging: So hörte er Vorlesungen aus den unterschiedlichsten Fachgebieten, zum Beispiel aus der Philosophie und Theologie, den Sprachen, aber auch den Naturwissenschaften wie Chemie, Physik und Anatomie und er stellte fest: „Zuwachs an Kenntnis ist Zuwachs an Unruhe."[7] Schon in Leipzig dürften, wenn auch nicht in schriftlicher Form, einige Grundsteine für den *Urfaust* gelegt worden sein. Denn die Erfahrungen, die Goethe in dieser, damals „Klein-Paris" genannten, Stadt sammelte, flossen mit Sicherheit in die Studentenszenen ein. Sie bildeten, so könnte man es sich vorstellen, das Fundament. So zum Beispiel Auerbachs Keller als Lokalität, die ja auch schon vor Goethes Faust bekannt war durch das Zauberkunststück des Ritts auf dem Weinfass, welches der historische Faust dort vollbracht haben soll.

Da es damals üblich war, dass Studenten in gastfreien Privathäusern einen Mittagstisch abonnierten, traf Goethe mittags mit zahlreichen Naturwissenschaftlern zusammen und konnte seine naturwissenschaftlichen Kenntnisse vertiefen. Der Gastgeber bildete dabei mit seinen studentischen Kostgängern eine wissenschaftliche Gemeinschaft, in Goethes Fall war dies Hofrat Ludwig, ein Arzt und Botaniker. Die übrige Gesellschaft bestand „ in lauter angehenden Ärzten". Er habe, so Goethe, „ in diesen Stunden gar kein andrer Gespräch als von Medizin und Naturhistorie"[8] gehört.

Ein Zwischenfall soll jedoch seiner Studien- und Forscherzeit in Leipzig, Goethe erkrankt schwer und ist gezwungen ohne irgendeinen Abschluss nach Frankfurt zurückzukehren, ein jähes Ende bereiten.

Rekonvaleszenzphase

Nach der Rückkehr ins Elternhaus wird Goethe anderthalb Jahre lang mit stark pietistischen Einflüssen konfrontiert, wofür er natürlich in seiner physischen und psychischen Verfassung besonders empfänglich ist. Der Pietismus als protestantische Laienbewegung hatte die in der Bibel enthaltenen Lebensideale gegen die ethische und dogmatische Konvention der Kirche wieder zu Geltung gebracht. Das heißt: Frömmigkeit ist bei den Pietisten ganz Sache des persönlichen Gefühls, Liebe und Brüderlichkeit treten an die Stelle von strengem Gehorsam

---

[7] Goethes Werke. Hamburger Ausgabe in 14 Bänden (HA). Textkritisch durchgesehen und mit Anmerkungen versehen von Erich Trunz. Hamburg: Christian Wegener 1948 ff., Zweiter Teil, Siebtes Buch, S. 516.
[8] Weimarer Ausgabe, Band 27, S.67.

3

und Pflichten. Man trifft sich bei so genannten Konventikeln im privaten Rahmen, also nicht mehr innerhalb eines recht anonymen, großen Umfeldes wie der Kirche. Goethes behandelnder Arzt, Herr Dr. Metz, war Pietist und den Lehren des Paracelsus verbunden. Er behandelte Goethe während seiner schweren Krankheit und empfahl ihm zahlreiche hermetische Schriften zur Lektüre, doch dazu später mehr. Als es Goethe besonders schlecht ging und sein Krankheitszustand lebensbedrohliche Dimensionen annahm, verabreichte ihm der Arzt ein „heimliches" Salz, das prompt zur Rettung führte. Heute nimmt man stark an, dass es sich dabei um einfaches Glaubersalz handelte, doch Goethe musste in seiner damaligen Situation an ein Wunder geglaubt haben. Aber nicht nur das führte zu seiner Begeisterung für alles Alchemistische und die Sekte der Pietisten: Eine Freundin der Mutter, Susanna Catharina Klettenberg, trug noch mehr dazu bei. Sie entstammte einer angesehenen und wohlhabenden Frankfurter Familie und war gekennzeichnet durch eine tiefe Frömmigkeit. Sie war es letztendlich auch, die ihm die Vorstellungswelt des Pietismus näher brachte und seine Interessen für hermetische Schriften und alchemistische Experimente weitgehend teilte. Ihr Großonkel war einer der berühmtesten Betrugsalchemisten jener Zeit, Johann Hector von Klettenberg. Er wurde 1720 enthauptet. Für ein besseres Verständnis soll hier kurz erläutert werden, worauf sich alle diese Personen stützten. Nach ihrer Weltanschauung, gespeist aus hermetischen Quellen, gehören Leib und Seele ebenso zusammen wie Mikrokosmos und Makrokosmos; es sind Polaritäten, die auf eine höhere Einheit zustreben. Die Seele eines jeden ist also wiederum Abbild der gesamten Welt, aber natürlich besitzt sie nicht die Kraft dieser Welt, sie ist eine *portio divinitatis*. Das bedeutet, dass sich jeder „Individualgeist" aus dem Makrokosmos nur noch die Teile heraussucht, die in seinen Mikrokosmos passen. Daraufhin ist seine „erkennende Kraft" gerichtet. Die „wirkende Kraft" wird bei „Existenzsichernden Maßnahmen", wie Nahrungsaufnahme, geweckt. Zusammengefasst bedeutet dies alles, dass ein Erkennen der ganzen Welt nicht notwendig ist, da das Erkennen ja nur der individuellen Selbstverwirklichung dienen soll. Das Verhalten von Faust im *Urfaust* ist konträr dazu zu sehen: er strebt nach „selbstloser" Wahrheit, nach universeller Erkenntnis. Nach Goethe ist jedoch nur das Verhältnis der Dinge zu mir selbst wichtig, nicht aber das Verhältnis derselben untereinander. Ebenso wird das Erkannte bei Faust nicht in sein eigenes mikrokosmisches All „verschlungen", in eine individuelle wissenschaftliche Konzeption, sondern er häuft vielmehr persönlich beziehungsloses Wissen an, zum Streben nach Erkenntnis von Leben und Gottheit selber.

Wie oben schon einmal erwähnt, empfahl Goethes Hausarzt dem Kranken zahlreiche Werke zur Literatur, die Goethe, an sein Bett gefesselt, regelrecht „verschlang". Besonderen

Eindruck hat auf ihn ein Werk Gottfried Arnolds gemacht: „Die Unpartheyische Kirchen- und Ketzerhistorie"[9]. Dieses Werk entstand zwischen 1696 und 1699 und beschäftigt sich mit dem schon seit dem dritten Jahrhundert bemerkten Zerfall zwischen dem christlichen Lebenswandel, wie er eigentlich sein sollte, und dem institutionalisierten, äußerlichen Christentum der verschiedenen Kirchen. Er stellt fest, dass es keine Übereinstimmung zwischen Geist und Welt; Innen und Außen und Gott und Mensch gibt. Man könnte also sagen, es handelt sich bei der Kirchen- und Ketzer Historie um „eine messianisch-spiritualistische Utopie eines mit Gott und dem Heiligen Geist versöhnten Lebens erleuchteter Christen."[10] Die wichtigste Folgerung, die man aus Arnolds Werk schließen konnte war, dass richtig und gerecht demnach nur der „Erleuchtete" urteilen kann, dieser ist von jeder Selbstheit befreit. Diese „Erleuchteten" wurden damals hingegen oft als Ketzer angesehen, so dass die wahren von Gott Gesandten also die „Ketzer" sind. Dieser ist gesandt um Gottes Wirken zu bezeugen und so die unsichtbare, also wahre, Kirche am Leben zu halten. Hinzu studierte Goethe dann auch wirklich die „Ketzer" der damaligen Aufklärer- Wissenschaft wie Franciscus Mercurius van Helmont oder Emanuel Swedenborg. Goethe kannte also die ganze Reihe der geheimwissenschaftlichen Werke, jedoch verstand sich diese Magie keineswegs als Zauberei, sondern als wirkliche Naturwissenschaft (*magia naturalis*), die bewirkt, dass der magus „dinge durch seinen Befehl verändern", und, „in der Natur stehend, bisweilen über die Natur herrschen kann."[11] Wichtig ist, schon ihm Rahmen dieser Vorstellungen, auch immer die praktische Seite: Die Verdichtung beziehungsweise Speicherung solcher Kräfte in Form von Medikamenten, chemischen Substanzen, und psychologisch hochwirksamen Mitteln. Der Magus kann dabei zwei Wege beschreiten: den der spirituellen oder den der dämonischen Magie. Bestreitet er den zweiten Weg, so geht er davon aus, dass alle lebenden Wesen von Geistern bewohnt sind. Gelingt es ihm diese Geister zu rufen und zu erwecken und sich ihnen damit dienstbar zu machen, so kann er wiederum deren Leistungen benutzen, um Erkenntnisse und übernatürliche Kräfte zu erlangen.

Als es Goethe bereits besser ging, begab er sich auf diesen Pfad und unternahm selbst alchemistische Experimente, mit dem Ziel eine schöpferische Ursubstanz herzustellen. Diese Ursubstanz nennt sich „prima materia", mit ihr konnte es dem Alchemisten gelingen, die

---

[9] Arnold: Gottfried: Unparteiische Kirchen- und Ketzerhistorie vom Anfang des Neuen Testaments bis auf das Jahr 1688. Berlin: G.Olms 1967.

[10] Killy Literaturlexikon, Digitale Bibliothek Band 9.

[11] Agrippa von Nettersheim, Heinrich C.: Heinrich Cornelius Agrippas von Nettersheim Magische Werke: samt den geheimnisvollen Schriften des Petrus von Abano, Pictorius von Villingen, Gerhard von Cremona, Abt Tritheim von Sponheim, dem Buche Arbatel, 5 Bücher in 2 Bänden. Schwarzenburg : Ansata-Verl.1979, Teil 1, S.69.

Schöpfungsleistung der Natur unter seine Kontrolle zu bringen. Die Voraussetzung ist jedoch die komplette seelische Selbstaufgabe, von den Alchemisten „kleiner Tod" genannt. Faust ist eben auch voll zu dieser Selbstaufgabe entschlossen.

Man könnte also durchaus den Schluss ziehen, dass der Wandel Goethes, den er von seiner Studentenzeit in Leipzig bis hin zu seiner Krankheits- und Genesungsphase durchmachte, parallel zu sehen ist mit dem Wandel Fausts zur Magie. Nachdem alles Hermetische, Magische, Alchemistische Goethe während seiner Krankheit soviel Kraft und Hoffnung gegeben hatte, wandte er sich nach seiner Genesung selbst der Tat zu, wie oben beschrieben. Er war für kurze Zeit von der Vorstellung ergriffen, eine solche Ursubstanz herzustellen. Er war, wie Faust, dazu bereit, sich der Magie zu ergeben.[12] Faust wendet sich ebenfalls hier von den Fakultäten ab:

„ Zwar bin ich gescheuter als alle die Laffen

Docktors, Professors, Schreiber und Pfaffen

Mich blagen keine Skrupel noch Zweifel

Fürcht mich weder vor Höll noch Teufel.

Dafür ist mir auch all Freud entrissen

Bild mir nicht ein was rechts zu wissen

Bild mir nicht ein ich könnt was lehren

Die Menschen zu bessern und zu bekehren,

Auch hab ich weder Gut noch Geld

Noch Ehr und Herrlichkeit der Welt.

Es mögt kein Hund so länger leben

Drum hab ich mich der Magie ergeben."[13]

Goethe zog sich auch nach seiner eher aufgeklärten Zeit zurück ins Gegenteil: in die hermetischen Geheimwissenschaften. Faust erblickt jetzt ebenfalls das Makrokosmos-Piktogramm, ist völlig hingerissen hiervon und findet hierin seine innere Befriedigung:

„Ha welche Wonne fließt in diesem Blick

Auf einmal mir durch alle meine Sinnen.

Ich fühle junges heilges Lebensglück,

Fühl neue Glut durch Nerv und Adern rinnen.

…

Die all das innre Toben stillen

Das arme Herz mit Freude füllen

---

[12] Goethe, Johann Wolfgang: Urfaust. Stuttgart: Reclam 1987, S.3, Vers 24.
[13] ebenda, S. 3, Vers 14-24.

Und mit geheimnisvollem Trieb

Die Kräfte der Natur enthüllen."[14]

Auch Goethe sollte eine ähnliche Befriedigung während seiner Rekonvaleszenzphase erfahren.

Faust hat das Theoretische satt:

„Welch Schauspiel! aber ach ein Schauspiel nur

Wo fass ich dich unendliche Natur!"[15]

Mit der Erdgeistbeschwörung, will er nun den praktischen Teil, der ihm näher sei, wagen, und genau dies, die ersten alchemistischen Selbstversuche zeugen auch von Goethes neuem Lebenswillen, dieser Ausruf könnte wohl von ihm gewesen sein:

„Wie anders würckt dies Zeichen auf mich ein!

Du Geist der Erde bist mir näher

Schon fühl ich meine Kräffte höher

Schon glüh ich wie vom neuen Wein"[16]

Wie schon angedeutet bildete sich Goethe auf Grundlage der beschrieben Annahmen seine „Privatreligion": „[…]ich studierte fleißig die verschiedenen Meinungen, und da ich oft genug hatte sagen hören, jeder Mensch habe am Ende doch seine eigene Privatreligion, so kam mir nichts natürlicher vor, als dass ich mir auch meine eigene bilden könne, und dieses tat ich mit vieler Behaglichkeit. Der neue Platonismus lag zum Grunde; das Hermetische, Mystische, Kabbalistische gab auch seinen Beitrag her, und so erbaute ich mir eine Welt, die seltsam genug aussah…"[17] Goethe geht dabei davon aus, dass sich die Schöpfung im gefallenen Engel Luzifer konzentrierte und zur Materie verdichtete. Sie aber bedurfte eines Gegenpols, das Licht, den „Puls des Lebens". Demnach ist also das Böse ein notwendiger Bestandteil des Guten.

Am 21. und 22. September des Jahres 1769 besuchte Goethe sogar mit einem Bekannten die Synode der Herrnhuter[18] Brüdergemeinde und wäre fast deren Mitglied geworden- nur deren strenge Erbsünden- oder Gnadenlehre hielt ihn im letzten Moment von diesem Entschluss ab.

Parallel zu sehen ist ebenfalls die Erfolglosigkeit der beiden Versuche. Wie auch Goethe war Faust bereit den „kleinen Tod" zu sterben, er beschwört den Erdgeist und ruft ihm zu:

---

[14] Urfaust, S. 5, Vers 77-85.
[15] ebenda, S. 6, Vers 101,102.
[16] ebenda, S. 6, Vers 106-110.
[17] Weimarer Ausgabe, Band 27, S.217f.
[18] Hierbei handelt es sich um eine Gruppe der „Böhmischen Brüder", die das katholisch gewordene Böhmen verlassen mussten. Sie wurden 1722 unter dem Schutz des Grafen Nikolaus Ludwig von Zinzendorf in der Oberlausitz, genauer der Siedlung Herrnhut, neu beheimatet.

„Du musst! du musst! Und kostet es mein Leben."[19] Nicht weit danach verschwindet der Erdgeist jedoch wieder. Und auch bei Goethe sind die alchemistischen Experimente nicht von Erfolg gekrönt, verebben.

Nach seiner Genesung, und immer öfter alchemistischen Experimenten, fühlt er dieselbe Weltbeherrschungsstimmung und Euphorie wie Faust:

„Ich fühle Mut, mich in die Welt zu wagen, der erde Weh, der Erde Glück zu tragen, mit Stürmen mich herumzuschlagen/ Und in des Schiffbruchs Knirschen nicht zu zagen"[20]

Dieses Zitat soll zugleich die Einleitung sein zum nächsten Schritt in Goethes Biografie, der zugleich der letzte sein soll, den ich hier genauer beschreiben möchte: Goethes Zeit in Straßburg. Zur rein alchemistischen Denkweise kommen jetzt weitere Einflüsse hinzu, die seines Freundes Herder. Nach seiner Genesung entschloss der Vater, dass Goethe seinen Abschluss nun in Straßburg zu Ende führen sollte. Von den alten pietistischen Kreisen verabschiedete sich Goethe hier bald, da es sich um „lauter Leute von mäßigem Verstande, die mit der ersten Religionsempfindung auch den ersten vernünftigen Gedanken dachten, und nun meinen, das wäre alles, weil sie sonst von nichts wissen."[21], handele. Goethe legte seinen Glauben in Straßburg dann also zu Gunsten einer allgemeineren, natürlichen „Urreligion" ab. Diese Lehre und der Spinozismus stehen ihm nun näher. Goethe lernt in Straßburg Herder kennen und entwickelt mit ihm zusammen viele Theorien, Herder sagt zum Beispiel zusammengefasst, „Begriff und Wort, nicht Dogma und Predigt gebe uns eine wirkliche Erfahrung von Gottes Dasein, sondern der gebrauch unserer eigenen Kräfte nur, der kräftige, freudige Genuß unseres Lebens"[22]. Dies entspricht ja nun auch den uns bekannten Dogmen des Sturm- und Drang: die enge Naturverbundenheit und der hohe Stellenwert der Gefühle, die Geniebewegung. Die Natur ist demnach die klarste Offenbarung Gottes an die Menschheit und noch dazu allen Völkern zugänglich und auch verständlich. Nach der Lektüre von Baruch de Spinoza und Pierre Bayle formulierte Goethe in seinen „Ephemerides"[23] folgendes „Glaubensbekenntnis": „[...] Über Gott und die Natur der Dinge getrennt zu sprechen, ist schwierig und gefährlich; so wenn wie über den Körper ohne Beziehung auf die Seele nachdenken; die Seele erkennen wir nur mit Hilfe des Körpers, Gott nur durch Einsicht in die Natur."[24]

---

[19] Urfaust, S.7, Vers 128.
[20] Petsch, Robert (Hg.): Johann Wolfgang Goethe. Urfaust. Stuttgart: Reclam1987, S. 6.
[21] In einem Brief an Susanna Katharina von Klettenberg vom 26. August 1770. In. Digitale Bibliothek Band 10, S. 339.
[22] Viëtor, Karl: Goethe: Dichtung, Wissenschaft, Weltbild. Bern: Francke 1949, S. 452.
[23] Ernst, Martin: Ephemerides und Volkslieder von Goethe. Stuttgart: Göschen 1883.
[24] Ephemerides, S. 345.

Goethe widmete sich auch in Straßburg der Juristerei nur nebensächlich und tat sich weiterhin in den verschiedensten Forschungsrichtungen um, so besuchte er zum Beispiel „Chemie bei Spielmann, Anatomie bei Lobstein".[25] Fausts leidenschaftliche Glut und die ersehnte Flammenbildung des Erdgeistes entsprechen Herders Lehre vom pindarischen Odenfeuer, dieses ersetzt dann wohl auch die Funktion des Alchemistenherdes. Die pindarische Ode entledigt sich allen noch so strengen (anakreontischen) Regeln der Sprache, eine „Rückkehr zur Ursprache"[26] erfolgt. Neben seinem Studium in Straßburg verkehrte Goethe viel im Pfarrhaus Brion in Sesenheim und er verliebte sich in der Tochter des Pfarrers, Friederike Brion. Auch diese Liebe holte ihn wohl aus der doch sehr dunklen Rekonvaleszenzzeit heraus. Genau diese neue Gegenwartsorientierung führte die Vertreter des Sturm und Drang noch zu anderen Gesprächsstoffen: die überkommene Rechtssprechung. Noch im Jahre 1782 wurde zum Beispiel eine „Hexe" in Glarus geköpft. Doch dazu nun mehr im nächsten Teil.

Rückkehr nach Frankfurt

Nach dem Goethe in Straßburg sein Studium abgeschlossen hatte, ging er zurück nach Frankfurt, promovierte dort und hatte eine eigene Anwaltspraxis. Durch diesen Beruf kam er dann auch in Berührung mit dem Motiv, das wohl letztendlich den Ausschlag, neben diesen anderen Anregungen, zu seinem „*Faust*" gegeben hat und für ein Drama im Drama sorgte. Die Verknüpfung des Fauststoffes, also der Gelehrtentragödie, mit der Tragödie des Gretchens sollte für die endgültige Dramatisierung sorgen. Und Goethe sah auch schon den wirklichen Überschneidungspunkt: Die Natur. Faust will die Natur beherrschen, sich über sie stellen, ja gottgleich werden. Es ist eine Art Erkenntnissucht. Dieser Trieb raubt Faust auch die Geduld und Besinnung, so dass der Wahnsinn irgendwann Herr über ihn wird, oder die Besessenheit. Ich habe dies oben schon einmal beschrieben: Faust sucht sich aus dem Makrokosmos nicht das Wissen heraus, welches in seinen Mikrokosmos passt. Vielmehr häuft er Wissen an, gierig, nicht bewusst, dass in keiner persönlichen Relation zu ihm steht. Die einzige Motivation ist die, sich die Natur dienstbar zu machen. Genau so verhält es sich im Bezug auf Gretchen: Sie wird schließlich durch Fausts Wahnsinn in den Wahnsinn getrieben, Faust ist besessen von der Idee, sie zu besitzen:

„Hör, du musst mir diese Dirne schaffen!"[27]

---

[25] Konzept zu einem Brief Goethes an Susanna Katharina von Klettenberg vom 26. August 1770, zitiert nach: Steiger, Robert: Goethes Leben von Tag zu Tag. Zürich: Artemis 1982, Band 1, S. 389.
[26] Matussek, Peter: Goethe zur Einführung. Hamburg: Junius 2002, S. 87.
[27] Urfaust, S. 24, Vers 471.

Nun will ich noch kurz dazu kommen, wie Goethe zur Gretchentragödie angeregt wurde. Wie schon gesagt, übte er nun den Beruf des Anwaltes aus. Diesen Beruf empfand er übrigens auch unvereinbar mit seiner Beziehung zu Friederike, weshalb er diese beendete. Die Figur der Margarethe enthält Züge von F. Brion, die Goethe selbst als „Unschuld vom Lande" charakterisiert. Er bekommt als Anwalt Einblick in die Prozessakten der Susanna Margaretha Brandt, einer Dienstmagd. Sie wurde, ganz in der Nähe von Goethes Wohnhaus, verhaftet und später öffentlich hingerichtet. Auch kommt Goethe noch über eine Vielzahl von Nebeneffekten direkt mit dem Fall in Berührung, so übernimmt die gesundheitliche Untersuchung der Inhaftierten sein früherer Hausarzt Dr. Metz und die Rechtsvertretung des Henkers, der sich weigerte seines Amtes zu walten, übernahm Goethes Freund und zukünftiger Schwager, Georg Schlosser.

Der Faust ist vermutlich zwischen 1773 und 1775 entstanden, obwohl, wie man hoffentlich aus meinen Ausführungen erkennen kann, die geistige Arbeit daran schon wesentlich früher begonnen hatte, Goethe nahm dann, 1976, seine Entwürfe mit nach Weimar und las Szenen des Fausts dort vor. Wir haben es dem Hoffräulein, Luise von Göchhausen, zu verdanken, dass uns der *Urfaust*[28] heute vorliegt. Sie nämlich, völlig hingerissen, fertigte eine Abschrift an, die später vom Germanisten Erich Schmidt in deren Nachlass gefunden wurde.

Abschließend kann man wohl enden mit den Worten Goethes:

„Es glaubt der Mensch sein Leben zu leiten, sich selbst zu führen, und sein Innerstes wird unwiderstehlich nach seinem Schicksale gezogen"[29]

---

[28] Es muss kurz darauf verwiesen werden, dass die Bezeichnung „Urfaust" umstritten ist, in meiner Arbeit jedoch wegen ihrer Gebräuchlichkeit durchgehend benutzt wird. Zum Nachlesen: SCHEIBE, Siegfried: Bemerkungen zur Entstehungsgeschichte des frühen „Faust". In: GjB 32 (1970), S. 61-71.

[29] Goethes Werke. Hamburger Ausgabe in 14 Bänden (HA). Textkritisch durchgesehen und mit Anmerkungen versehen von Erich Trunz. Hamburg: Christian Wegener 1948 ff., Zweiter Teil, Elftes Buch, S. 333.

- Poème sur le désastre de Lisbonne von Voltaire

POEME
SUR LE DESASTRE DE LISBONNE

OU EXAMEN DE CET AXIOME:
"TOUT EST BIEN"

O malheureux mortels! ô terre déplorable!
O de tous les mortels assemblage effroyable!
D'inutiles douleurs éternel entretien!
Philosophes trompés qui criez: "Tout est bien"
Accourez, contemplez ces ruines affreuses
Ces débris, ces lambeaux, ces cendres malheureuses,
Ces femmes, ces enfants l'un sur l'autre entassés,
Sous ces marbres rompus ces membres dispersés;
Cent mille infortunés que la terre dévore,
Qui, sanglants, déchirés, et palpitants encore,
Enterrés sous leurs toits, terminent sans secours
Dans l'horreur des tourments leurs lamentables jours!
Aux cris demi-formés de leurs voix expirantes,
Au spectacle effrayant de leurs cendres fumantes,
Direz-vous: "C'est l'effet des éternelles lois
Qui d'un Dieu libre et bon nécessitent le choix"?
Direz-vous, en voyant cet amas de victimes:
"Dieu s'est vengé, leur mort est le prix de leurs crimes"?
Quel crime, quelle faute ont commis ces enfants
Sur le sein maternel écrasés et sanglants?
Lisbonne, qui n'est plus, eut-elle plus de vices
Que Londres, que Paris, plongés dans les délices?
Lisbonne est abîmée, et l'on danse à Paris.
Tranquilles spectateurs, intrépides esprits,
De vos frères mourants contemplant les naufrages,
Vous recherchez en paix les causes des orages:
Mais du sort ennemi quand vous sentez les coups,
Devenus plus humains, vous pleurez comme nous.
Croyez-moi, quand la terre entrouvre ses abîmes
Ma plainte est innocente et mes cris légitimes
Partout environnés des cruautés du sort,
Des fureurs des méchants, des pièges de la mort
De tous les éléments éprouvant les atteintes,
Compagnons de nos maux, permettez-nous les plaintes.
C'est l'orgueil, dites-vous, l'orgueil séditieux,
Qui prétend qu'étant mal, nous pouvions être mieux.
Allez interroger les rivages du Tage;
Fouillez dans les débris de ce sanglant ravage;
Demandez aux mourants, dans ce séjour d'effroi
Si c'est l'orgueil qui crie "O ciel, secourez-moi!

11

O ciel, ayez pitié de l'humaine misère!"
 "Tout est bien, dites-vous, et tout est nécessaire."
Quoi! l'univers entier, sans ce gouffre infernal
Sans engloutir Lisbonne, eût-il été plus mal?
Etes-vous assurés que la cause éternelle
Qui fait tout, qui sait tout, qui créa tout pour elle,
Ne pouvait nous jeter dans ces tristes climats
Sans former des volcans allumés sous nos pas?
Borneriez-vous ainsi la suprême puissance?
Lui défendriez-vous d'exercer sa clémence?
L'éternel artisan n'a-t-il pas dans ses mains
Des moyens infinis tout prêts pour ses desseins?
Je désire humblement, sans offenser mon maître,
Que ce gouffre enflammé de soufre et de salpêtre
Eût allumé ses feux dans le fond des déserts.
Je respecte mon Dieu, mais j'aime l'univers.
Quand l'homme ose gémir d'un fléau si terrible
Il n'est point orgueilleux, hélas! Il est sensible.
 Les tristes habitants de ces bords désolés
Dans l'horreur des tourments seraient-ils consolés
Si quelqu'un leur disait: "Tombez, mourez tranquilles;
Pour le bonheur du monde on détruit vos asiles.
D'autres mains vont bâtir vos palais embrasés
D'autres peuples naîtront dans vos murs écrasés;
Le Nord va s'enrichir de vos pertes fatales
Tous vos maux sont un bien dans les lois générales
Dieu vous voit du même oeil que les vils vermisseaux
Dont vous serez la proie au fond de vos tombeaux"?
A des infortunés quel horrible langage!
Cruels, à mes douleurs n'ajoutez point l'outrage.
 Non, ne présentez plus à mon coeur agité
Ces immuables lois de la nécessité
Cette chaîne des corps, des esprits, et des mondes.
O rêves des savants! ô chimères profondes!
Dieu tient en main la chaîne, et n'est point enchaîné
Par son choix bienfaisant tout est déterminé:
Il est libre, il est juste, il n'est point implacable.
Pourquoi donc souffrons-nous sous un maître équitable?
Voilà le noeud fatal qu'il fallait délier.
Guérirez-vous nos maux en osant les nier?
Tous les peuples, tremblant sous une main divine
Du mal que vous niez ont cherché l'origine.
Si l'éternelle loi qui meut les éléments
Fait tomber les rochers sous les efforts des vents
Si les chênes touffus par la foudre s'embrasent,
Ils ne ressentent point des coups qui les écrasent:
Mais je vis, mais je sens, mais mon coeur opprimé
Demande des secours au Dieu qui l'a formé.
 Enfants du Tout-Puissant, mais nés dans la misère,
Nous étendons les mains vers notre commun père.
Le vase, on le sait bien, ne dit point au potier:
"Pourquoi suis-je si vil, si faible et si grossier?"
Il n'a point la parole, il n'a point la pensée;
Cette urne en se formant qui tombe fracassée
De la main du potier ne reçut point un coeur
Qui désirât les biens et sentît son malheur

"Ce malheur, dites-vous, est le bien d'un autre être."
De mon corps tout sanglant mille insectes vont naître;
Quand la mort met le comble aux maux que j'ai soufferts
Le beau soulagement d'être mangé des vers!
Tristes calculateurs des misères humaines
Ne me consolez point, vous aigrissez mes peines
Et je ne vois en vous que l'effort impuissant
D'un fier infortuné qui feint d'être content.

Je ne suis du grand *tout* qu'une faible partie:
Oui; mais les animaux condamnés à la vie,
Tous les êtres sentants, nés sous la même loi,
Vivent dans la douleur, et meurent comme moi.

Le vautour acharné sur sa timide proie
De ses membres sanglants se repaît avec joie;
Tout semble bien pour lui, mais bientôt à son tour
Un aigle au bec tranchant dévore le vautour;
L'homme d'un plomb mortel atteint cette aigle altière:
Et l'homme aux champs de Mars couché sur la poussière,
Sanglant, percé de coups, sur un tas de mourants,
Sert d'aliment affreux aux oiseaux dévorants.
Ainsi du monde entier tous les membres gémissent;
Nés tous pour les tourments, l'un par l'autre ils périssent:
Et vous composerez dans ce chaos fatal
Des malheurs de chaque être un bonheur général!
Quel bonheur! ô mortel et faible et misérable.
Vous criez: "Tout est bien" d'une voix lamentable,
L'univers vous dément, et votre propre coeur
Cent fois de votre esprit a réfuté l'erreur.

Eléments, animaux, humains, tout est en guerre.
Il le faut avouer, le mal est sur la terre:
Son principe secret ne nous est point connu.
De l'auteur de tout bien le mal est-il venu?
Est-ce le noir Typhon, le barbare Arimane,
Dont la loi tyrannique à souffrir nous condamne?
Mon esprit n'admet point ces monstres odieux
Dont le monde en tremblant fit autrefois des dieux.

Mais comment concevoir un Dieu, la bonté même,
Qui prodigua ses biens à ses enfants qu'il aime,
Et qui versa sur eux les maux à pleines mains?
Quel oeil peut pénétrer dans ses profonds desseins?
De l'Etre tout parfait le mal ne pouvait naître;
Il ne vient point d'autrui, puisque Dieu seul est maître:
Il existe pourtant. O tristes vérités!
O mélange étonnant de contrariétés!
Un Dieu vint consoler notre race affligée;
Il visita la terre et ne l'a point changée!
Un sophiste arrogant nous dit qu'il ne l'a pu;
"Il pouvait, dit l'autre, et ne l'a point voulu:
Il le voudra, sans doute"; et tandis qu'on raisonne,
Des foudres souterrains engloutissent Lisbonne,
Et de trente cités dispersent les débris,
Des bords sanglants du Tage à la mer de Cadix.

Ou l'homme est né coupable, et Dieu punit sa race,
Ou ce maître absolu de l'être et de l'espace,
Sans courroux, sans pitié, tranquille, indifférent,
De ses premiers décrets suit l'éternel torrent;

Ou la matière informe à son maître rebelle,
Porte en soi des défauts nécessaires comme elle;
Ou bien Dieu nous éprouve, et ce séjour mortel
N'est qu'un passage étroit vers un monde éternel.
Nous essuyons ici des douleurs passagères:
Le trépas est un bien qui finit nos misères.
Mais quand nous sortirons de ce passage affreux,
Qui de nous prétendra mériter d'être heureux?
    Quelque parti qu'on prenne, on doit frémir, sans doute
Il n'est rien qu'on connaisse, et rien qu'on ne redoute.
La nature est muette, on l'interroge en vain;
On a besoin d'un Dieu qui parle au genre humain.
Il n'appartient qu'à lui d'expliquer son ouvrage,
De consoler le faible, et d'éclairer le sage.
L'homme, au doute, à l'erreur, abandonné sans lui,
Cherche en vain des roseaux qui lui servent d'appui.
Leibnitz ne m'apprend point par quels noeuds invisibles,
Dans le mieux ordonné des univers possibles,
Un désordre éternel, un chaos de malheurs,
Mêle à nos vains plaisirs de réelles douleurs,
Ni pourquoi l'innocent, ainsi que le coupable
Subit également ce mal inévitable.
Je ne conçois pas plus comment tout serait bien:
Je suis comme un docteur, hélas! je ne sais rien.
    Platon dit qu'autrefois l'homme avait eu des ailes,
Un corps impénétrable aux atteintes mortelles;
La douleur, le trépas, n'approchaient point de lui.
De cet état brillant qu'il diffère aujourd'hui!
Il rampe, il souffre, il meurt; tout ce qui naît expire;
De la destruction la nature est l'empire.
Un faible composé de nerfs et d'ossements
Ne peut être insensible au choc des éléments;
Ce mélange de sang, de liqueurs, et de poudre,
Puisqu'il fut assemblé, fut fait pour se dissoudre;
Et le sentiment prompt de ces nerfs délicats
Fut soumis aux douleurs, ministres du trépas:
C'est là ce que m'apprend la voix de la nature.
J'abandonne Platon, je rejette Epicure.
Bayle en sait plus qu'eux tous; je vais le consulter:
La balance à la main, Bayle enseigne à douter,
Assez sage, assez grand pour être sans système,
Il les a tous détruits, et se combat lui-même:
Semblable à cet aveugle en butte aux Philistins
Qui tomba sous les murs abattus par ses mains.
    Que peut donc de l'esprit la plus vaste étendue?
Rien; le livre du sort se ferme à notre vue.
L'homme, étranger à soi, de l'homme est ignoré.
Que suis-je, où suis-je, où vais-je, et d'où suis-je tiré?
Atomes tourmentés sur cet amas de boue
Que la mort engloutit et dont le sort se joue,
Mais atomes pensants, atomes dont les yeux,
Guidés par la pensée, ont mesuré les cieux;
Au sein de l'infini nous élançons notre être,
Sans pouvoir un moment nous voir et nous connaître.
Ce monde, ce théâtre et d'orgueil et d'erreur,
Est plein d'infortunés qui parlent de bonheur.

Tout se plaint, tout gémit en cherchant le bien-être:
Nul ne voudrait mourir, nul ne voudrait renaître.
Quelquefois, dans nos jours consacrés aux douleurs,
Par la main du plaisir nous essuyons nos pleurs;
Mais le plaisir s'envole, et passe comme une ombre;
Nos chagrins, nos regrets, nos pertes, sont sans nombre.
Le passé n'est pour nous qu'un triste souvenir;
Le présent est affreux, s'il n'est point d'avenir,
Si la nuit du tombeau détruit l'être qui pense.
Un jour tout sera bien, voilà notre espérance;
Tout est bien aujourd'hui, voilà l'illusion.
Les sages me trompaient, et Dieu seul a raison.
Humble dans mes soupirs, soumis dans ma souffrance,
Je ne m'élève point contre la Providence.
Sur un ton moins lugubre on me vit autrefois
Chanter des doux plaisirs les séduisantes lois:
D'autres temps, d'autres moeurs: instruit par la vieillesse,
Des humains égarés partageant la faiblesse
Dans une épaisse nuit cherchant à m'éclairer,
Je ne sais que souffrir, et non pas murmurer.
   Un calife autrefois, à son heure dernière,
Au Dieu qu'il adorait dit pour toute prière:
"Je t'apporte, ô seul roi, seul être illimité,
Tout ce que tu n'as pas dans ton immensité,
Les défauts, les regrets, les maux et l'ignorance."
Mais il pouvait encore ajouter *l'espérance*.

Verwendete Literatur:

BOYLE, Nicholas: Goethe. Der Dichter in seiner Zeit. Band I 1749-1790. München: Beck 1995.

CONRADY, Karl Otto: Goethe: Leben und Werk. Erste Hälfte des Lebens. Berlin 1982.

GAIER, Ulrich: Goethes Faust- Dichtungen. Ein Kommentar. Urfaust. Stuttgart: Philipp Reclam 1989.

Goethes Werke. Hamburger Ausgabe in 14 Bänden. Textkritisch durchgesehen und mit Anmerkungen versehen von Erich Trunz, Hamburg: Christian Wegener, 1948 ff.

HAMM, Heinz: Goethes Faust. Werkgeschichte und Textanalyse. Berlin: Verlag Volk und Wissen 1978.

JEßING, Benedikt: Johann Wolfgang Goethe. Stuttgart: Metzler 1995.

KRÄTZ, Otto: Goethe und die Naturwissenschaften. München: Callwey² 1998.

MATUSSEK, Peter: Goethe zur Einführung. Hamburg: Junius 1998.

REICH, Helgard: Die Entstehung der ersten fünf Szenen des goetheschen „Urfaust". Inaugural- Dissertation zur Erlangung der Doktorwürde der Philosophischen Fakultät der Philipps- Universität Marburg/Lahn, Marburg/Lahn 1967. München: Wilhelm Fink Verlag 1968.

SCHEIBE, Siegfried: Bemerkungen zur Entstehungsgeschichte des frühen „Faust". In: GjB 32 (1970), S. 61-71.

STEIGER, Robert: Goethes Leben von Tag zu Tag. Zürich: Artemis 1982, Band 1.

VIETOR, Karl: Goethe: Dichtung, Wissenschaft, Weltbild. Bern: Francke 1949.

Goethes Werke. Hamburger Ausgabe in 14 Bänden. Textkritisch durchgesehen und mit Anmerkungen versehen von Erich Trunz. Hamburg: Christian Wegener 1948 ff.

WILPERT, Gero von: Goethe- Lexikon. Stuttgart: Körner 1998.

WITT, Bernd (Hg.): Goethe Handbuch in vier Bänden. Band I Chronologie, Bibliographie, Karten, Register. Stuttgart: Metzler 1999.

WITT, Bernd (Hg.): Goethe- Handbuch in vier Bänden. Band II Dramen. Stuttgart: Metzler 1997.

ZIMMERMANN, Rolf Christian: das Weltbild des jungen Goethe. Studien zur hermetischen Tradition des deutschen 18. Jahrhunderts. München: Wilhelm Fink Verlag 1969, Band I.

ZIMMERMANN, Rolf Christian: Das Weltbild des jungen Goethe. Studien zur hermetischen Tradition des deutschen 18. Jahrhunderts. München: Wilhelm Fink Verlag 1979, Band II.